Einführung

Sind Sie „Jahrgang 79"? – Für alle, die in diesem Jahr geboren sind, aber auch für alle anderen, die sich für 1979 und die folgenden Jahre interessieren, bietet dieses Quiz **ein Potpourri des Wissens und der Erinnerung:**

Wer weiß denn noch, wie der Alltag damals wirklich war? Welche politischen Ereignisse die Deutschen bewegten? Was die Wissenschaft Neues brachte? Wer die großen Hits landete, die Bestseller schrieb oder auf der Leinwand ein Millionenpublikum begeisterte? Und nicht zuletzt, welche sportlichen Höhepunkte es waren, über die sich die Deutschen die Köpfe heißgeredet haben?

Vielleicht erinnern Sie sich an mehr Ereignisse als Sie dachten, vielleicht lernen Sie durch die kurzweiligen Antworten Neues. Vielleicht aber macht es Ihnen einfach nur Spaß, im Freundeskreis oder in der Familie zu „quizzen" und vergangene Zeite[n] aufleben zu lassen.

Einen ganz besonderen Reiz bietet dieses Quiz
übrigens **als Spiel auf der Feier zum runden
Geburtstag:** Denn die Fragen beziehen sich nicht
nur auf das Jahr 1979, sondern darüber hinaus
auf die beiden folgenden Jahrzehnte. So kann **die
gesamte Jugendzeit des „79er"-Jahrgangs**
Revue passiert werden und eine ganze Epoche wird
zum Leben erweckt ...

Und nun viel Spaß!

Alltag 3

Fragen zu den Bereichen Alltag, Menschen und Unterhaltung

1. Welche Prominenten wurden 1979 geboren?

a) **Yvonne Catterfeld, Kimi Räikkönen, Norah Jones**
b) **Shakira, Nick Heidfeld, Viktoria von Schweden**
c) **Martin Schmitt, Franziska van Almsick, Miroslav Klose**

2. Welche deutsche Tageszeitung, die in West-Berlin als linkes Zeitungsprojekt gegründet wurde, erschien ab 1979 täglich bundesweit?

a) **Die tageszeitung (taz)**
b) **Junge Welt**
c) **Neues Deutschland (ND)**

Alltag

Antworten

4

1a Die Schauspielerin Yvonne Catterfeld, der Rennfahrer Kimi Räikkönen und die Sängerin Norah Jones wurden 1979 geboren, die unter b genannten Prominenten erblickten 1977 das Licht der Welt, die unter c aufgeführten Sportler 1978.

2a Am 17. April 1979 erschien die 1. Ausgabe der taz. Nach einem Kongress der Alternativbewegung in Westberlin, war die Tageszeitung durch Initiativgruppen gegründet worden. Sie war unter anderem eine Reaktion auf die Nachrichtensperre und die einseitige Berichterstattung während des „Deutschen Herbstes". 22 Jahre nach Gründung wurde der Herausgeber, der Verein Freunde der alternativen Tageszeitung e.V., wegen Kapitalmangels in eine Lesergenossenschaft umgewandelt. Neben der Zentralredaktion in Berlin entstanden lokale Redaktionen in Bochum, Bremen und Hamburg.

Alltag

5

3

Ende der 70er-Jahre gewann ein Freizeitsport auch in der BRD immer mehr Anhänger. Welcher war das?

a) **Radfahren**
b) **Rollschuhlaufen**
c) **Jogging**

4

Wer war Erfinder und zunächst auch Moderator von Europas erfolgreichster TV-Show „Wetten, dass ...", die 1980 zum ersten Mal ausgestrahlt wurde?

a) **Wolfgang Lippert**
b) **Frank Elstner**
c) **Rudi Carrell**

Alltag

Antworten

6

3c   Jogging, auch Dauerlauf genannt, gewann Ende der 70er-Jahre auch in der Bundesrepublik immer mehr Anhänger. Die Zahl derjenigen, die Turnschuhe und Jogging-Anzüge anzogen und losliefen, nahm stetig zu. Modern waren außerdem Trimm-dich-Pfade, die ab 1970 vom Deutschen Sportbund im Rahmen der Werbeaktion „Trimm dich – durch Sport!" ins Leben gerufen wurden.

4b   1980 hatte Frank Elstner seinen ersten Auftritt mit der von ihm konzipierten Samstag-Abend-Show „Wetten, dass …". In jeder Sendung bieten Kandidaten jeweils eine Wette an und prominente Wettpaten geben zu „ihrer Wette" gegen einen Wetteinsatz einen Tipp ab. Neben den Wettdarbietungen lebt das Sendekonzept vom Geplauder mit den Prominenten und Musikauftritten. Mittlerweile ist Thomas Gottschalk seit vielen Jahren Moderator der Sendung. Wolfgang Lippert moderierte die Sendung etwa ein Jahr.

Alltag

7

5 1980 wurde in der BRD und der DDR die Sommerzeit eingeführt. Welches europäische Nachbarland schloss sich selbst von der Zeitumstellung aus?

a) **Österreich**
b) **Schweiz**
c) **Belgien**

6 In den 80er-Jahren stieg die Zahl an Fast-Food-Restaurants in Deutschland und somit wurde auch immer häufiger gefragt: „Möchten Sie hier essen oder den Burger mitnehmen?" Warum ist die Antwort von Bedeutung?

a) **Von ihr hängt der Mehrwertsteuer-Satz ab**
b) **Das Gehalt des Mitarbeiters richtet sich danach**
c) **Von ihr hängt die Verpackungsart der Lebensmittel ab**

Alltag

Antworten

8

5b   Die Schweizer lehnten 1980 als einziges Land in Mitteleuropa die Einführung der Sommerzeit ab. In der BRD und in der DDR wurden die Uhren dagegen — wie in vielen Staaten Westeuropas — am 6. April 1980 um eine Stunde vorgestellt. Die Befürworter erhofften sich von den längeren Sommertagen eine Energie-einsparung.

6a   Wo man Burger und Co. verzehrt, davon hängt der Mehrwertsteuersatz ab. Wird im Restaurant ge-gessen, geht der Gesetzgeber von einer Dienstleistung aus und es gilt der volle Mehrwertsteuersatz. Wird das Gericht mitgenommen, dann gilt der ermäßigte Satz von 7 Prozent. Für gewöhnlich halten sich die Gastronomen an eine Mischkalkulation, sodass der zu zahlende Betrag derselbe bleibt, der Ertrag für den Betreiber ist beim Verkauf außer Haus allerdings höher.

Alltag

9

7
1981 heiratete der britische Thronfolger Prinz Charles Lady Diana Frances Spencer. 1982 wurde die Geschichte des Paares verfilmt. Wie hieß der Film?

a) „Die Romanze von Charles und Diana"
b) „Lady in Love"
c) „Diana und Charles – Liebe im Glanz der Krone"

8
1983 gab der „Stern" den sensationellen Fund der Tagebücher Hitlers bekannt. Kurz darauf wurden sie als Fälschung entlarvt. Was hatte das Gutachten des Bundeskriminalamts zweifelsfrei ergeben?

a) Der Verfasser der Aufzeichnungen war Linkshänder, Hitler schrieb mit rechts.
b) Das Papier der Bücher war nachträglich mit Altersspuren versehen worden.
c) Das Material der Bindung wurde erst nach dem Zweiten Weltkrieg hergestellt.

Alltag

Antworten

10

7a Regisseur Peter Levin setzte 1982 in seinem Spielfilm „Die Romanze von Charles und Diana" die die Liebesgeschichte von Charles und Diana in Szene. Die US-amerikanische Produktion lockte allein in den USA 53 Millionen Zuschauer vor die Bildschirme. Die Schauspieler Catherine Oxenberg und Christopher Baines übernahmen die Hauptrollen in dem Drama.

8b Für die Bindung der vermeintlichen Hitler-Tagebücher waren Materialien verwendet worden, die erst nach dem Zweiten Weltkrieg hergestellt wurden. Bei einem Test unter ultraviolettem Licht lumineszierte das Papier, wodurch sich in Weißmacher nachweisen ließen, die erst seit 1950 zur Papierherstellung eingesetzt werden. Hinzu kam die Auswertung einer linguistischen Analyse, die den Sprachduktus der Tagebücher nur bedingt dem Hitlers zusprach.

Alltag

11

9

1986 löste ein deutscher Geschichtswissenschaftler den sogenannten „Historikerstreit" aus. Wer war das?

a) **Wolfgang Benz**
b) **Götz Aly**
c) **Ernst Nolte**

10

1983 wurde der erste deutsche Privatsender RTLplus gegründet. Wo befand sich der ursprüngliche Sitz des Senders?

a) **Luxemburg**
b) **Liechtenstein**
c) **Belgien**

Alltag

Antworten

12

9c Ernst Nolte löste 1986 durch seinen FAZ-Artikel „Vergangenheit, die nicht vergehen will" den sogenannten „Historikerstreit" aus. Seine These, der bolschewistische Terror sei einer der auslösenden Faktoren für den nationalsozialistischen Massenmord an den Juden gewesen, erhitzte die Gemüter und führte zu einer großen Diskussion, die sich in wesentlichen Teilen in über 1 000 Zeitungsartikeln niederschlug. Einer der Gegner Noltes war der Soziologe Jürgen Habermas.

10a Am 2. Januar 1984 ging RTLplus das erste Mal auf Sendung. Die Sendestation befand sich damals noch in Luxemburg. Von dort konnte das Programm über das Kabelnetz über 200 000 Zuschauer erreichen. 1986 zog der Sender nach Köln um und zwei Jahre später wurde er mit dem Erwerb der Übertragungsrechte an der Fußball-Bundesliga zum Zuschauerliebling.

Alltag

13

11

1986 sorgte ein berühmter Kinofilm auch für modische Neuerungen. Welcher Film war das?

a) „Die Farbe Lila"
b) „Jenseits von Afrika"
c) „Zahn um Zahn"

12

Welche Änderung das Alltagsleben betreffend löste 1991 große Diskussionen in Deutschland aus?

a) **Einführung des Grünen Punkts**
b) **Einführung der neuen Postleitzahlen**
c) **Mehrwertsteuer-Erhöhung von 14 auf 15 Prozent**

Alltag

Antworten

11b 1986 kam in der BRD „Jenseits von Afrika"
in die Kinos und plötzlich war Mode im Safaristil
angesagt. Khaki-Hosen und -Jacken, braune Stiefel,
weite Baumwoll-Röcke, Reithosen, Ledergürtel oder
Strohhüte waren sehr beliebt. Viele wollten gerne so
wie die Superstars Meryl Streep und Robert Redford
aussehen, die mit dem mit sieben Oscars gekrönten
Film Millionen in die Kinos lockten.

12a Die Verpackungsverordnung zum „Grünen Punkt"
als Kennzeichen für recyclebare Verpackungen trat
1991 in Kraft. Der aufgedruckte „Grüne Punkt" bedeu-
tet, dass die Hersteller für die Sammlung, Sortierung
und Verwertung der Verpackungen einen Finanzie-
rungsbeitrag an die Duales System Deutschland
GmbH entrichtet haben. Große Diskussionen gab es
in der Anfangszeit vor allem darum, dass nicht alle
Verpackungen, die in der gelben Tonne landeten, re-
cycelt wurden, sondern zum Teil mit dem Restmüll in
die Müllverbrennungsanlagen gelangten.

Alltag

15

13

1996 gelang Wissenschaftlern eine Sensation, sie klonten das erste Säugetier aus Zellen eines erwachsenen Exemplars. Wie hieß das Klonschaf?

a) Polly
b) Dolly
c) Molly

14

1991 starb ein prominenter Musiker an AIDS und machte dadurch weltweit auf die Immunschwäche aufmerksam. Wer war das?

a) Freddie Mercury
b) George Harrison
c) Roy Black

Alltag

Antworten

16

13b 1996 kam Klonschaf Dolly auf die Welt. Der britische Genforscher und Embryologe Ian Wilmut klonte das Schaf aus den Zellen eines erwachsenen Tiers. Die Meldung löste damals große Diskussionen über die Zukunft und die Möglichkeiten des Klonens aus. Vor allem ethische Fragen standen dabei im Vordergrund.

14a 1991 starb Freddie Mercury, der Sänger der Rockgruppe „Queen", an AIDS. Durch seinen Tod wurde die Weltöffentlichkeit verstärkt auf AIDS und HIV aufmerksam. Bei der Immunschwäche kann der Körper Infektionen und Entzündungen nicht mehr bekämpfen. Weltweit wird fieberhaft nach Medikamenten zur Bekämpfung der tödlich verlaufenden Krankheit geforscht, zumal die Zahl der Erkrankten stetig ansteigt.

Alltag

15

1994 wurde der Kanaltunnel seiner Bestimmung übergeben. Wie schnell kommt man mit dem Autoreisezug von Frankreich nach Großbritannien?

a) 60 Minuten
b) 35 Minuten
c) 120 Minuten

16

Anfang der 90er-Jahre schwappte die „Riot-Grrrl"-Bewegung aus den USA nach Deutschland. Welche junge Frau war damals das deutsche Vorzeige-Girlie?

a) Heike Makatsch
b) Christiane Backer
c) Aleksandra Bechtel

Alltag

Antworten

18

15b Am 6. Mai 1994 wurde der Eurotunnel zwischen Calais und Folkstone eröffnet. Der Autoreisezug „Le Shuttle" benötigt für die Strecke rund 35 Minuten, das ist eine Stunde weniger, als die Fähre unterwegs ist. Der insgesamt 50,5 Kilometer lange Tunnel verläuft auf einem Großteil der Strecke zu 100 Meter unter der Meeresoberfläche des Ärmelkanals. Neben dem Autoreisezug bietet der Eurotunnel auch eine Zugverbindung mit dem „Eurostar" von London nach Paris bzw. Brüssel.

16a Heike Makatsch galt als das deutsche Vorzeige-Girlie schlechthin. In den 90er-Jahren wurde sie als plappernde Moderatorin des Kölner Musiksenders VIVA bekannt. Sie entsprach in vielerlei Hinsicht dem typischen Bild eines Girlies: Sie benahm sich mädchenhaft und dennoch unkonventionell, kleidete sich zumeist körperbetont und trat selbstbewusst, teilweise auch provozierend auf.

Alltag

19

17

Ende der 80er- und in den 90er-Jahren boomte die Musical-Szene. Für welches Stück wurde in Bochum extra ein Theater gebaut?

a) „Phantom der Oper"
b) „Starlight Express"
c) „Miss Saigon"

18

Welches deutsche Unternehmen verlor 1998 sein Monopol?

a) Telekom
b) Deutsche Bahn
c) Lego

Alltag

Antworten

20

17b Musicals – vor allem von dem Erfolgskomponisten Andrew Lloyd-Webber – waren in den 80er- und 90er-Jahren Publikumsmagnete in Hamburg, Berlin und Stuttgart. Teilweise wurden die Theater extra für die Aufführungen gebaut, wie 1988 in Bochum für das aufwendige Rollschuh-Spektakel „Starlight Express". Die Darsteller des Musicals fahren mit Rollschuhen in rasantem Tempo auf schmalen Stegen mitten durch die Zuschauer.

18a Die Telekom verlor 1998 ihr Monopol. Durch das Telekommunikationsgesetz fiel das der Telekom staatlich garantierte Monopol für den Telefondienst in Deutschland. Um die Chancengleichheit für Telekom-Wettbewerber herzustellen, wurde die Regulierungsbehörde RegTP gegründet. Sie muss beispielsweise bei Tarifänderungen zustimmen. In den Folgejahren traten immer mehr Konkurrenten für die Telekom auf den Plan.

Kultur

21

Fragen zu den Bereichen Kultur, Filme und Musik

1

Welcher deutsche Aktionskünstler kandidierte 1979 für das Europaparlament?

a) Joseph Beuys
b) HA Schult
c) Kurt Fleckenstein

2

Der Film „Die Blechtrommel" war 1979 international ein großer Erfolg. Wer hat das gleichnamige Buch geschrieben?

a) Heinrich Böll
b) Günter Grass
c) Martin Walser

Kultur

Antworten

1a   Joseph Beuys kandidierte 1979 für das Europaparlament und ein Jahr später für den nordrhein-
westfälischen Landtag als Vertreter der Grünen. 1967
hatte er bereits die „Deutsche Studentenpartei" gegründet. Der Zeichner, Bildhauer und Aktionskünstler
ist einer der bedeutendsten Künstler des 20. Jahrhunderts und wurde vor allem wegen seiner Instal-
lationen aus ungewöhnlichen Materialien wie Butter
bekannt.

2b   Günter Grass hat den Roman „Die Blechtrommel" geschrieben, der als Vorlage für den gleichnamigen Film diente. Der Streifen von Regisseur Volker
Schlöndorff wurde 1979 uraufgeführt und gewann in
Cannes die „Goldene Palme". Ein Jahr später wurde
der Film mit dem Oscar als bester ausländischer Film
ausgezeichnet. Die Hauptrolle des Trommlers Oskar
wurde von David Bennet gespielt. Außerdem wirkten
unter anderem Mario Adorf, Charles Aznavour und
Katharina Thalbach mit.

Kultur

23

3 Welches Album der Rockgruppe „Pink Floyd" sorgte 1979 für Schlagzeilen und führte wochenlang die Hitlisten an?

a) „The Wall"
b) „Dark side of the moon"
c) „Wish you were here"

4 Welcher Neue-Deutsche-Welle-Interpret konnte 1984 mit einer übersetzten Fassung seines Songs die Spitzen der Charts im englischen Sprachraum erreichen?

a) Falko
b) Nena
c) Major Tom

Kultur

Antworten

24

3a 1979 veröffentlichte die britische Rockgruppe „Pink Floyd" das Album „The Wall", das wochenlang die internationalen Hitparaden anführte. Bekannt daraus wurde vor allem das Lied „Another Brick in the Wall", dessen Chorus „We don't need no education" für viele Jugendliche zu einer Hymne wurde.

4b Nenas Hit „99 Luftballons" war bereits sehr erfolgreich in den Hitparaden von Japan, Mexiko, Kanada, Australien und Neuseeland, bevor die englische Version des Liedes „99 Red Balloons" auch die Charts in Großbritannien stürmte. Ende der 70er- und Anfang der 80er-Jahre entwickelte sich die Neue Deutsche Welle, eine auf Punk und New Wave zurückgehende, vielseitige Musikrichtung, die rasch populär wurde.

Kultur

5 Welches junge Mädchen spielte die weibliche Hauptrolle in „E.T. – der Außerirdische"?

a) **Meg Ryan**
b) **Cameron Diaz**
c) **Drew Barrymore**

6 Wie hieß die Debüt-LP von Madonna, mit der sie auf Anhieb die TOP 40 USA erreichte?

a) **„Madonna"**
b) **„True blue"**
c) **„Like a prayer"**

Kultur

Antworten

26

5c   Drew Barrymore spielte 1982 die weibliche Hauptrolle in „E.T. – Der Außerirdische" das Mädchen Gertie, das E.T. auf die Nase küssen durfte. Der Film machte sie zu einem Kinderstar. Tragischerweise bekam Barrymore bereits in jungen Jahren massive Drogen- und Alkoholprobleme. In den 90er-Jahren hatte sie diese überwunden und wurde als Schauspielerin in Filmen wie „Scream" oder „Drei Engel für Charlie" sowie als Produzentin wieder erfolgreich.

6a   Madonna erreichte 1982 mit ihrer Debüt-LP „Madonna" auf Anhieb die US-amerikanischen TOP 40. In Europa war die Platte erst 1985 und zwar unter dem Titel „The First Album" erhältlich. Der Song „Holiday", um den das Album erst in letzter Minute ergänzt worden war, brachte den großen Durchbruch für die Sängerin, die bis heute erfolgreiche Chartplatzierungen hat.

Kultur

27

7

1983 wurde ein Film über das Leben von „Gandhi" ein Riesenerfolg. Wer spielte die Hauptrolle?

a) **Ben Kingsley**
b) **Dustin Hoffman**
c) **Robert De Niro**

8

In den 80er-Jahren war Michael Jackson ein Mega-Star. Mit welchem besonderen Tanzschritt begeisterte er seine Fans?

a) **Robocop**
b) **Back Slide**
c) **Moonwalk**

Kultur

Antworten

28

7a Ben Kingsley spielte die Titelrolle in dem Film „Gandhi", der 1983 international ein großer Erfolg wurde. Regisseur Richard Attenborough zeichnete darin das Leben des friedlichen Revolutionärs nach, der mit seinen Kampagnen von zivilem Ungehorsam die Unabhängigkeit von Indien erreicht hatte und 1948 bei einem Attentat getötet worden war. Der dreistündige Film wurde mit acht Oscars ausgezeichnet, einen davon erhielt Kingsley. Der Film war 20 Jahre lang vorbereitet worden und hatte 22 Millionen Dollar gekostet.

8c Jackson zählte in den 80ern zu den Superstars im Musikgeschäft und begeisterte bei seinen Auftritten besonders mit dem Moonwalk. Mit seiner Platte „Thriller" brach Jackson alle Verkaufsrekorde im Musikgeschäft. Bis Ende 1984 ging die LP 40 Millionen Mal auf der ganzen Welt über den Ladentisch. Insgesamt verkaufte Jackson rund 400 Millionen Tonträger.

Kultur

29

9

1982 starb Curd Jürgens. In welchem James-Bond-Film hatte er zuletzt als Bösewicht geglänzt?

a) „Octopussy"
b) „Sag niemals nie"
c) „Der Spion, der mich liebte"

10

Ein deutscher Komiker sorgte 1985 mit seinem ersten Kinofilm für Furore und ließ sogar US-Produktionen hinter sich. Wer war es?

a) Otto Waalkes
b) Hape Kerkeling
c) Dieter Hallervorden

Kultur

Antworten

30

9c Curd Jürgens spielte in dem James-Bond-Film „Der Spion, der mich liebte" den Bösewicht Karl Stromberg. Der Schauspieler hatte sich von 1941 bis 1953 als Wiener Burgschauspieler einen Namen gemacht. 1954 gelang ihm mit seiner Rolle eines Luftwaffengenerals in „Des Teufels General" der Durchbruch im Kino. Jürgens wurde wegen seiner Größe von 1,94 Metern „normannischer Kleiderschrank" genannt.

10a Der erste Kinofilm von Otto Waalkes „Otto – Der Film" lockte 1985 in der Bundesrepublik 8,7 Millionen Besucher in die Kinos. Damit ließ er US-Produktionen wie „Rambo II" oder „Police Academy II" weit hinter sich. Otto Waalkes drehte nach dem Erfolg weitere Kinofilme, wie „Otto – der Außerfriesische" oder „7 Zwerge – Männer allein im Wald", die ebenfalls viele Zuschauer in die Kinos lockten.

Kultur

11

1990 war Julia Roberts mit „Pretty Woman" über Nacht berühmt geworden. Für welchen Film bekam sie später den Oscar?

a) „Der Feind in meinem Bett"
b) „Erin Brockovich"
c) „Flatliners"

12

1991 machte der Film „Der mit dem Wolf tanzt" in den Kinos Furore. Welche Indianersprache wurde darin gesprochen?

a) Cheyenne
b) Lakota
c) Navaho

Kultur

Antworten

32

11b Julia Roberts bekam die begehrte Auszeichnung Oscar 2001 für ihre Darstellung in „Erin Brockovich" verliehen. Für ihre Rolle in erhielt sie als erste Schauspielerin eine Gage von 20 Millionen Dollar. Die Schauspielerin hatte zuvor mit ihrem Erfolg in dem modernen Aschenputtel-Märchen „Pretty Woman" den internationalen Durchbruch geschafft. Seit 2002 ist Julia Roberts mit dem Kameramann Daniel Moder verheiratet und hat mittlerweile drei Kinder.

12b Zahlreiche Dialoge des Blockbusters „Der mit dem Wolf tanzt" werden in der Indianersprache Lakota, einem Sioux-Dialekt, gesprochen und mit Untertiteln versehen. In Hollywood war Kevin Costners ehrgeiziges Film-Projekt zunächst belächelt worden, der Erfolg gab ihm jedoch recht: Sein dreistündiger Western bekam sieben Oscars und spielte allein in den USA über 130 Millionen Dollar ein.

Kultur

13 1993 wurde das Buch „Sofies Welt" in Deutschland ein Bestseller. Aus welchem Land stammt der Autor Jostein Gaarder?

a) Finnland
b) Schweden
c) Norwegen

14 1994 wurde der Film „Schindlers Liste" ein großer Erfolg bei Zuschauern und Kritikern. Welche Rolle spielte der „Gandhi"-Darsteller Ben Kingsley in dem Streifen?

a) Unternehmer Schindler
b) Buchhalter Stern
c) Kommandeur Goeth

Kultur

Antworten

34

13c Jostein Gaarder stammt aus Oslo in Norwegen. Der Autor schreibt erfolgreich Romane und Kurzgeschichten. In dem Buch „Sofies Welt" erzählt er die Geschichte der Philosophie für Jugendliche. Das Buch erschien 1991 und war nicht nur in der 1993 veröffentlichten deutschen Übersetzung ein großer Erfolg. Das Buch wurde in insgesamt 50 Sprachen übersetzt.

14b Ben Kingsley spielte in „Schindlers Liste" den jüdischen Buchhalter Stern. Die Geschichte um den Fabrikanten Oskar Schindler basiert auf Tatsachen. Er hatte im Zweiten Weltkrieg über 1 000 Juden das Leben gerettet, indem er sie unter hohem persönlichem Risiko in seiner Firma beschäftigte. Im Film wurde Schindler von Liam Neeson verkörpert.

Kultur

35

15

„Forrest Gump" war 1994 ein großer Erfolg in den Kinos. Wer spielte die weibliche Hauptrolle?

a) Robin Wright
b) Meg Ryan
c) Sandra Bullock

16

1995 brachte ein Künstler Millionen dazu, nach Berlin zu pilgern. Wer war das?

a) Otmar Alt
b) Christo
c) Joseph Beuys

Kultur

Antworten

36

15a Die weibliche Hauptfigur, Jennifer, wurde in „Forrest Gump" von Robin Wright verkörpert. Die Liebe von Forrest zu Jennifer zieht sich wie ein roter Faden durch den Erfolgsfilm, der 1994 auch die deutschen Kinos füllte. Regisseur Robert Zemeckis schaffte es, den naiven, nur mit geringer Intelligenz ausgestatteten Forrest Gump, durch drei Jahrzehnte amerikanische Geschichte zu begleiten. Tom Hanks erhielt für seine brillante Darstellung einen von sechs Oscars, mit denen der Film ausgezeichnet wurde.

16b 1995 verhüllte Christo den Reichstag in Berlin. Über zwanzig Jahre hatten der Künstler und seine Frau Jeanne-Claude von der Idee bis zur Realisierung warten müssen. Es gab prominente Gegner der Aktion, etwa Helmut Kohl und Wolfgang Schäuble. Bei der Montage der Stoffbahnen beteiligen sich 90 professionelle Kletterer und viele Helfer. Insgesamt über fünf Millionen sahen sich den verhüllten Reichstag an.

Kultur 37

17

1998 kam „Lola rennt" in die deutschen Kinos und wurde über Nacht zum Kultfilm. Welche Schauspielerin schaffte damit ihren Durchbruch?

a) Franka Potente
b) Jessica Schwarz
c) Jasmin Tabatabai

18

Günter Grass erhielt 1999 den Literatur-Nobelpreis. Wo war der Schriftsteller geboren worden?

a) Berlin
b) Danzig
c) Stettin

Kultur

38

Antworten

17a 1998 wurde der Film „Lola rennt" mit Franka Potente in der Hauptrolle ein Überraschungserfolg in den Kinos. Regisseur Tom Tykwer zeigt darin mit vieler Special-Effects dreimal einen Wettlauf gegen die Zeit aus verschiedenen Perspektiven. Lola muss innerhalb von 20 Minuten 100 000 DM für ihren Freund Manni auftreiben. Kleine Details sorgen in den drei Episoden für einen völlig unterschiedlichen Ausgang. Für Franka Potente bedeutete dieser Film den internationalen Durchbruch, sie drehte danach in Hollywood unter anderem mit Johnny Depp und Matt Damon.

18b Günter Grass wurde am 16. Oktober 1927 in Danzig geboren. Berühmt wurde der Schriftsteller durch seine Danziger Trilogie, die aus dem Romanen „Die Blechtrommel", „Katz und Maus" und „Hundejahre" besteht. Grass war Mitglied der „Gruppe 47" und gilt als einer der bedeutendsten deutschsprachigen Autoren der Gegenwart. Das Nobelpreis-Komitee würdigte in der Begründung, dass Grass „in munter schwarzen Fabeln das vergessene Gesicht der Geschichte" gezeigt habe.

Politik

39

Fragen zu den Bereichen Politik, Geschichte und Weltgeschehen

1 In welchem Land gab es 1979 eine islamische Revolution?

a) Irak
b) Iran
c) Jordanien

2 1979 wurde der NATO-Doppelbeschluss verabschiedet. Was wurde damit beabsichtigt?

a) **Die atomare Aufrüstung der USA voranzutreiben**
b) **Verhandlungen mit der UdSSR über den Abbau von Mittelstreckenraketen**
c) **Frankreich wieder in die Militärstrukturen der NATO zu integrieren**

Politik

Antworten

40

1b Im Iran wurde Anfang 1979 der Schah Resa
Pahlawi nach 37-jähriger Herrschaft gestürzt. Er ver-
ließ mit seiner Frau Farah Dibah das Land. Die noch
vom Schah ernannte Regierung musste sich der von
dem Schiitenführer Ayatollah Chomaini angeführten
islamischen Revolution beugen und trat zurück.
Chomaini ernannte eine „Revolutionsregierung", die
unter anderem Islamische Volksgerichte und eine
anti-westliche Politik einführte.

2b Mit dem NATO-Doppelbeschluss waren 1979
Abrüstungsverhandlungen zwischen den USA und
der UdSSR beabsichtigt worden. Sollte die UdSSR
einer Reduzierung ihrer Mittelstreckenraketen nicht
zustimmen, so war vorgesehen, neue US-Mittel-
streckenraketen in der BRD zu stationieren. Dieser
Aufrüstungsbeschluss der NATO führte in Europa zu
einem Erstarken der Friedensbewegung, auch Teile
der SPD schlossen sich an.

Politik

41

3

In welches Land marschierten sowjetische Truppen im Dezember 1979 ein?

a) **Jugoslawien**
b) **Afghanistan**
c) **Rumänien**

4

Was geschah 1979 zum ersten Mal?

a) **Direktwahlen zum Europäischen Parlament**
b) **Eine Frau wird Staatschef**
c) **Ein Umweltschutzgesetz tritt in der BRD in Kraft**

Politik

Antworten

42

3b Im Dezember 1979 marschierten sowjetische
Truppen in die afghanischen Hauptstadt Kabul ein. Sie
erklärten, die Regierung des von einem Bürgerkrieg
zerrütteten Landes habe sie um Hilfe gebeten. Viele
westliche Staaten protestierten gegen diese Interven-
tion und sagten ihre Teilnahme an den Olympischen
Spielen 1980 in Moskau ab. In Afghanistan gab es über
viele Jahre einen Krieg von Widerstandsgruppen, den
Mudschaheddin, gegen die sowjetischen Besatzungs-
truppen, die erst 1988 wieder abzogen.

4a Am 10. Juni 1979 fanden zum ersten Mal Direktwahlen zum Europäischen Parlament statt. Die Bürger
konnten nun ihre Direktvertreter für eine Amtszeit
von fünf Jahren in allgemeinen, freien und geheimen
Wahlen selbst wählen. Die Befugnisse des Parlaments
waren damals noch recht gering, weshalb gleichzeitig
eine Ausweitung der Kompetenzen des Europäischen
Parlaments gefordert wurde.

Politik

5

Welche ehemalige SPD-Politikerin war 1979 Gründungsmitglied der Grünen?

a) Petra Kelly
b) Antje Vollmer
c) Marianne Birthler

6

1980 setzte eine Streikbewegung in Polen die Gewerkschaftsrechte durch. Welcher spätere polnische Präsident war der Streikführer?

a) Lecj Kaczynski
b) Lech Walesa
c) Alexander Kwasniewski

Politik

Antworten

44

5a Petra Kelly trat 1979 aus der SPD aus und war im selben Jahr Gründungsmitglied der Grünen. 1980 wurde sie Bundesvorstandssprecherin und 1983 zog sie in den Deutschen Bundestag für die Grünen. Die Politikerin engagierte sich besonders für Friedenspolitik, Menschenrechte und Minderheiten. Ihr Tod im Jahr 1992 ist bis heute nicht ganz aufgeklärt.

6b Der Anführer der Arbeiter, der die Verhandlungen mit der Regierung führte, war Lech Walesa. Ende 1981 verbot der neue Staatschef Jaruzelski die Gewerkschaft „Solidarität" und verhängte das Kriegsrecht über Polen. Lech Walesa wurde inhaftiert, kam aber Ende 1982 wieder frei und erhielt ein Jahr später den Friedensnobelpreis. 1990 wurde er zum polnischen Staatspräsidenten gewählt und übte dieses Amt bis 1995 aus, als er die Wahl gegen Aleksander Kwasniewski verlor.

Politik

7

1982 eroberten argentinische Truppen die Falklandinseln. Was machte die Inseln so begehrt?

a) **Man vermutete Diamantvorkommen**
b) **Man vermutete Goldvorkommen**
c) **Man vermutete Erdölvorkommen**

8

1982 sprach man in der BRD von der politischen „Wende". Welcher Bundeskanzler musste nach einem konstruktiven Misstrauensvotum zurücktreten?

a) **Willy Brandt**
b) **Johannes Rau**
c) **Helmut Schmidt**

Politik

Antworten

46

7c Nach geologischen Bohrungen wurden große Erdölvorkommen bei den Falklandinseln vermutet, deshalb waren sie so attraktiv. Die im Südatlantik gelegenen Inseln, auf denen 1982 rund 1 900 Bewohner lebten, gehören zur britischen Kronkolonie. Als am 2. April 1982 5 000 argentinische Soldaten dort landeten, um die Inseln in Besitz zu nehmen, forderte die britische Regierung den Rückzug. Als dieser nicht erfolgte, kam es zum bewaffneten Konflikt, in dem rund 1 000 Menschen ums Leben kamen. Mit 36 Kriegsschiffen und insgesamt 5 000 Soldaten gelang Großbritannien die Rückeroberung der Inseln.

8c Bundeskanzler Helmut Schmidt musste 1982 nach einem konstruktiven Misstrauensvotum von seinem Amt zurücktreten. Zuvor waren die vier FDP-Minister, die zusammen mit Ministern der SPD die Regierung gebildet hatten, zurückgetreten. Zum neuen Bundeskanzler wurde Helmut Kohl vom Bundestag ernannt. Die CDU/FDP-Regierung erhielt dann auch bei den vorgezogenen Bundestagswahlen 1983 eine Mehrheit.

Politik

47

9

Warum mussten die BRD-Botschaften in Ost-Berlin, Budapest, Prag und Warschau 1989 geschlossen werden?

a) **Ostblock-Regierungen boykottierten die BRD**
b) **Angst vor terroristischen Anschlägen**
c) **Überfüllung mit Flüchtlingen aus der DDR**

10

1990 kam der langjährig inhaftierte Nelson Mandela wieder aus dem Gefängnis. Wie viele Jahre hatte der Unabhängigkeitskämpfer zuvor im Gefängnis verbracht?

a) **6 Jahre**
b) **26 Jahre**
c) **46 Jahre**

Politik

Antworten

48

9c   Die Botschaften in Ost-Berlin, Budapest, Prag und Warschau wurden nach dem ersten Flüchtlingsansturm aus der DDR 1989 geschlossen. Daraufhin kletterten viele über die Zäune, sodass sich beispielsweise in der BRD-Botschaft in Prag mehr als 4 000 Menschen aufhielten. Am 30. September 1989 konnte Außenminister Genscher verkündigen, dass er in Verhandlungen ihre Ausreise in die BRD erreicht hat.

10b   Nelson Mandela war zu 26 Jahren Haft verurteilt worden. Er war Mitbegründer der Jugendliga des African National Congress (ANC) gewesen, der sich gegen die Apartheidspolitik der weißen Regierung in Südafrika und für die Rechte der Schwarzen einsetzte. Er war in den 60er-Jahren verhaftet und zu lebenslanger Haft verurteilt worden.1990 kam Mandela wieder frei und wurde 1994 nach den ersten freien Parlamentswahlen erster schwarzer Präsident Südafrikas.

Politik

49

11

1991 zerfiel die UdSSR. Wie viele der 15 ehemaligen Sowjetrepubliken gründeten die Gemeinschaft unabhängiger Staaten?

a) 13
b) 11
c) 9

12

Welcher, seit 1996 per Haftbefehl gesuchte, ehemalige bosnische Serbenführer wurde im Sommer 2008 enttarnt und vor dem Kriegsverbrechertribunal in Den Haag angeklagt?

a) Radovan Karadžic
b) Slobodan Milošević
c) Alija Izetbegovič

Politik

Antworten

50

11b Am 21. Dezember 1991 schlossen sich elf von 15 ehemaligen Sowjetrepubliken zur Gemeinschaft unabhängiger Staaten (GUS) zusammen. Die baltischen Staaten Estland, Lettland und Litauen hatten schon einige Monate zuvor ihre Unabhängigkeit von der UdSSR erklärt. Auch Georgien blieb dem Zusammenschluss fern. Eine wichtige Rolle spielt in der GUS die Russische Föderation, die auch den Sitz der UdSSR im UN-Sicherheitsrat übernahm.

12b Nach Radovan Karadžic war 12 Jahre lang gefahndet worden, bevor er im Sommer 2008 in Belgrad festgenommen werden konnte. Vor dem Kriegsverbrechertribunal in Den Haag wurde er in elf Punkten angeklagt. Ihm wurde unter anderem vorgeworfen, während seiner Amtszeit als Präsident Kriegsverbrechen, Völkermord und Verbrechen gegen die Menschlichkeit befohlen zu haben. Er soll auch für das Massaker von Srebrenica 1995 verantwortlich sein.

Politik

13 1993 trat der Maastricht-Vertrag in Kraft. Welchen wichtigen Aspekt beinhaltet er?

- a) **Einrichtung einer Wirtschafts- und Währungsunion**
- b) **Wegfall der Personenkontrollen an den Grenzen**
- c) **Einführung einer einheitlichen Amtssprache**

14 Wer wurde 1994 zum siebten deutschen Bundespräsidenten gewählt?

- a) **Johannes Rau**
- b) **Roman Herzog**
- c) **Richard von Weizsäcker**

Politik

Antworten

52

13a Im Rahmen des Vertrags von Maastricht wurde eine Wirtschafts- und Währungsunion entschieden. Bei ihrer Tagung beschlossen die Staats- und Regierungschefs der zwölf Länder der Europäischen Gemeinschaft die Weiterentwicklung der EG zur Europäischen Union (EU). Diese sah unter anderem auch eine gemeinsame Währung vor, außerdem wurden eine Kooperation in der Außen- und Sicherheitspolitik sowie der Innen- und Rechtspolitik geplant.

14b 1994 wurde Roman Herzog zum siebten Bundespräsidenten der BRD gewählt. Er wurde damit Nachfolger von Richard von Weizsäcker. Herzog war zuvor Hochschullehrer, Kultusminister und Innenminister Baden-Württembergs gewesen. Ab 1983 war er Vize-Präsident des Bundesverfassungsgerichts und wurde vier Jahre später Präsident. Roman Herzog war von 1994 bis 1999 Bundespräsident und galt als unabhängige Persönlichkeit mit konservativer Grundhaltung.

Politik

15

1998 wurde Gerhard Schröder zum neuen Bundeskanzler gewählt. Wie lange hatte Helmut Kohl zuvor dieses Amt bekleidet?

a) 8 Jahre
b) 12 Jahre
c) 16 Jahre

16

1999 begann das Zeitalter des EURO. Welches EU-Land beteiligte sich nicht an der Währungsunion?

a) Schweden
b) Finnland
c) Irland

Politik

Antworten

54

15c Helmut Kohl war von 1982 bis 1998 Bundeskanzler der BRD. Er war zuvor CDU-Abgeordneter im rheinland-pfälzischen Landtag gewesen und hatte das Amt des Ministerpräsidenten bekleidet. Er wurde Bundeskanzler, nachdem Helmut Schmidt durch ein konstruktives Misstrauensvotum gestürzt wurde. In diesem Amt nutzte er 1989 die historische Chance zur deutschen Wiedervereinigung.

16a Für elf Länder der Europäischen Union begann am 1. Januar 1999 das Zeitalter des EURO. Schweden, Dänemark und Großbritannien schlossen sich jedoch aus. Die Gemeinschaftswährung EURO galt zunächst nur im bargeldlosen Zahlungsverkehr. Erst 2002 wurden EURO-Scheine und Cent-Münzen ausgegeben und nach einer dreimonatigen Übergangsphase, in der beide Währungen akzeptiert wurden, konnte man nur noch mit der neuen Währung bezahlen.

Sport

Fragen zu den Bereichen Sport, Rekorde und Freizeit

1 Welcher große Tennis-Star der 80er-Jahre war für seine Wutausbrüche und den Ausruf „You cannot be serious!" bekannt?

a) John McEnroe
b) Ivan Lendl
c) Björn Borg

2 Welche Mannschaft gewann 1979 die Deutsche Fußballmeisterschaft?

a) Bayern München
b) Borussia Mönchengladbach
c) Hamburger Sportverein

Sport

Antworten

56

1a John McEnroe war bekannt für seine Wutausbrüche auf dem Platz. Auch der Ausruf „You cannot be serious!", der Ende 2005 im Werbespot eines Autoherstellers Verwendung fand, gilt als typisch für den Tennisprofi. McEnroe ist ein Tennisspieler der Superlative. Er konnte viermal in Folge eine Saison an der Spitze der Tennis-Weltrangliste beenden und stand außerdem 253 Wochen an der Spitze der Doppelweltrangliste. Im Jahr 1979 hatte er überdies den Profitennis-Rekord von insgesamt 27 gewonnenen Turnieren aufgestellt.

2c Der Hamburger Sportverein gewann 1979 zum vierten Mal die Deutsche Fußballmeisterschaft. In der Abschlusstabelle lagen die Hanseaten, die ihr letztes Spiel gegen Bayern München mit 1:2 verloren, gerade einen Punkt vor dem VfB Stuttgart. Für Schlagzeilen sorgten die Ausschreitungen der HSV-Fans beim letzten Spiel der Meisterschaft. Bereits kurz vor Spielende durchbrachen sie den Zaun vor der Westkurve, 73 Personen wurden zum Teil schwer verletzt.

Sport

57

3

Welcher große Boxer kämpfte 1980 in seinem letzten großen US-Wettbewerb?

a) Joe Frazier
b) Muhammad Ali
c) Bubi Scholz

4

Welcher deutsche Rennfahrer gewann 1980 die Rallye-Weltmeisterschaft?

a) Hans-Joachim Stuck
b) Walter Röhrl
c) Jochen Rindt

Sport

Antworten

58

3b   Muhammad Ali kämpfte im Herbst 1980 zum vierten Mal um den Weltmeistertitel im Schwergewicht und gleichzeitig zum letzten Mal in den USA. Der Kampf gegen seinen ehemaligen Sparringspartner Larry Holmes wurde in der 10. Runde abgebrochen. Die ersten Anzeichen von Alis Parkinson-Erkrankung waren zu diesem Zeitpunkt bereits zu erkennen.

4b   Walter Röhrl wurde 1980 mit seinem 27-jährigen Beifahrer Christian Geistdörfer in einem Fiat Rallye-Weltmeister. Diesen Erfolg konnte er 1982 wiederholen. Viermal gewann der Sportler außerdem mit unterschiedlichen Rennställen die als besonders schwer eingestufte Rallye Monte Carlo. Röhrl wurde in Italien zum „Rallye-Fahrer des Jahrhunderts" gewählt und in Frankreich sogar zum „Rallye-Fahrer des Milleniums".

Sport

5 1984 fanden die Olympischen Spiele in Los Angeles statt. Was machte diese Spiele zu etwas Außergewöhnlichem?

a) **Es waren die ersten privatwirtschaftlich finanzierten Spiele**
b) **Es waren die ersten Spiele in Übersee**
c) **Die Spiele wurden von Elizabeth Taylor eröffnet**

6 In den 80er-Jahren war die Eisläuferin Katharina Witt bei internationalen Wettkämpfen fast unschlagbar. Sie gewann zweimal olympisches Gold, wann war das?

a) **1980 und 1984**
b) **1984 und 1988**
c) **1988 und 1992**

Sport

Antworten

60

5a   1984 fanden die ersten privatwirtschaftlich finanzierten Olympischen Spiele statt. Der Austragungsort war Los Angeles, die einzige Stadt, die sich überhaupt um die Austragung beworben hatte. Eine ganze Reihe Ostblockstaaten boykottierten die Spiele, vermutlich als Gegenreaktion auf die Olympischen Spiele 1980 in Moskau, an denen vor allem westliche Staaten nicht teilgenommen hatten, weil die UdSSR in Afghanistan einmarschiert war.

6b   1984 und 1988 gewann Katharina Witt Olympisches Gold. 1982 hatte sie bei den Europa- und Weltmeisterschaften durch zwei zweite Plätze erstmals international auf sich aufmerksam gemacht. Die Eisläuferin, die als „das schönste Gesicht des Sozialismus" bezeichnet wurde, strahlte neben sportlichem Können auch tänzerische Eleganz aus. Von 1983 bis 1988 siegte sie bei den Europameisterschaften, viermal wurde sie Weltmeisterin und 1986 wurde sie bei der WM Zweite. Nach dem Gewinn des vierten WM-Titels trat sie vom Leistungssport zurück und wurde ein Eisrevue-Star.

Sport

7

Welcher bundesdeutsche Sportler gewann 1985 erstmals seit Jahren wieder einen WM-Titel im alpinen Skisport?

a) **Markus Wasmeier**
b) **Christian Neureuther**
c) **Armin Bittner**

8

Gegen welche Mannschaft verlor die westdeutsche Nationalelf bei der Fußball-WM in Mexiko 1986?

a) **Italien**
b) **Argentinien**
c) **Brasilien**

Sport

Antworten

62

7a Markus Wasmeier gewann 1985 die Weltmeisterschaft im Riesenslalom mit dem hauchdünnen Vorsprung von 0,05 Sekunden gegenüber dem Favoriten Pirmin Zurbriggen. Wasmeier gewann insgesamt neun Weltcup-Wettbewerbe. Der liebevoll „Wasi" genannte Sportler feierte bei den Olympischen Spielen 1994 mit zwei Goldmedaillen im Riesenslalom und im Super-G seine größten Erfolge. In diesem Jahr wurde er zum „Sportler des Jahres" gewählt und trat anschließend auf dem Höhepunkt seines Erfolges vom Leistungssport zurück.

8b Bei der Fußball-Weltmeisterschaft, die 1986 in Mexiko ausgetragen wurde, verlor Westdeutschland im Finale mit 3:2 gegen Argentinien. Die argentinische Mannschaft trat mit ihrem Superstar Diego Armando Maradona an, der zum besten Spieler des Turniers gewählt worden war. Die westdeutsche Mannschaft verlor im Finale vor allem wegen eines groben Taktikfehlers.

Sport

63

9

Welche Tennisspielerin gewann 1988 einen „Golden Slam"?

- a) Martina Navratilova
- b) Gabriela Sabatini
- c) Steffi Graf

10

Wie hieß das berühmte Pferd der Dressurreiterin Nicole Uphoff, mit dem sie 1988 Olympisches Gold gewann?

- a) Rembrandt
- b) Grand Gilbert
- c) Waldfee

Sport

Antworten

9c   1988 gewann Steffi Graf als erste und bisher letzte Spielerin aller Zeiten den „Golden Slam". Der innoffizielle Begriff bezeichnet, dass ein Tennisspieler innerhalb eines Jahres nicht nur alle vier Grand Slam-Turniere in Paris, Melbourne und Wimbledon und die US Open gewinnt, sondern zusätzlich Olympisches Gold holt.

10a Mit dem Ausnahmepferd Rembrandt startete Nicole Uphoff 1988 bei den Olympischen Spielen in Seoul. Die Dressurreiterin gewann dort auf dem Westfalenwallach sensationell sowohl in der Mannschafts- als auch in der Einzelwertung Gold. Rembrandt gilt bis heute als das weltweit erfolgreichste Dressurpferd aller Zeiten. Bis 1996 startete Uphoff mit ihm auf Turnieren.

Sport

65

11

1990 wurde Deutschland zum dritten Mal Fußball-Weltmeister. Wer war damals der Kapitän der deutschen Fußball-Nationalmannschaft?

a) Lothar Matthäus
b) Jürgen Klinsmann
c) Franz Beckenbauer

12

1991 stellte Mike Powell mit 8,95 Metern einen neuen Weitsprung-Weltrekord auf. Zuvor hatte er aber geträumt, in einer anderen Disziplin Profisportler zu werden. Welche war das?

a) Bastketball
b) Baseball
c) Football

Sport

Antworten

66

11a Lothar Matthäus war 1990 Kapitän der deutschen Fußball-Nationalmannschaft, als diese im Finale der Fußball-Weltmeisterschaft in Rom mit 1:0 gegen Argentinien gewann. Das Siegtor des Endspiels war ein Elfmeter, den Andreas Brehme in der 85. Minute verwandelte. Jürgen Klinsmann, der 2006 die Nationalmannschaft als Bundestrainer betreuen sollte, war damals einer der Spieler, der von Teamchef Franz Beckenbauer betreuten Mannschaft.

12a Mike Powell wollte ursprünglich Basketball-Profi werden. Trotz seiner Größe von 1,90 Metern hatte er aber wegen seiner großen Schwächen beim Dribbeln keine Chance. Der Leichtathlet startete stattdessen erfolgreich im Weitsprung durch. 1991 stellte er mit einem Sprung von 8,95 Metern einen neuen Weltrekord auf und holte die Goldmedaille für die USA. Sein Rekord ist bis heute ungeschlagen.

Sport

13

Welcher deutsche Skispringer gewann 1994 zweimal Gold bei den Olympischen Spielen?

a) Dieter Thoma
b) Jens Weißflog
c) Martin Schmitt

14

Michael Schumacher gewann erstmals 1994 die Formel-1-Weltmeisterschaft. Mit welchem Rennstall errang er damals die nötigen Punkte?

a) Benetton-Ford
b) Ferrari
c) Williams-Renault

Sport

Antworten

68

13b Jens Weißflog aus Oberwiesental war in den 80er- und 90er-Jahren einer der erfolgreichsten Skispringer der Welt. Der Sportler startete zuerst für die DDR und nach der Wiedervereinigung in einer gesamtdeutschen Mannschaft. 1984 und 1994 wurde er Olympiasieger, 1985 und 1989 wurde er Weltmeister auf der Normalschanze. Viermal gewann er die Internationale Vierschanzentournee. Danach zog er sich aus dem Leistungssport zurück.

14a Michael Schumacher startete in der Formel-1-Saison 1994 mit dem Rennstall Benetton-Ford. Der Rennfahrer ist gelernter Kfz-Mechaniker. Er fuhr zunächst ein Motorkart, mit dem er 1987 gleichzeitig Deutscher Meister und Europameister wurde. Danach fuhr er in der Formel König, der Formel 3 und der Sportwagenklasse. 1991 startete er in Spa-Franchorchamps mit einem Jordan-Ford erstmals in der Formel 1. Schumacher wechselte nach seinen Formel-1-Weltmeistertiteln 1994 und 1995 zu Ferrari.

Sport

15

Welcher deutsche Nationalspieler schoss im EM-Finale 1996 ein „Golden Goal"?

a) Oliver Bierhoff
b) Karl-Heinz Riedle
c) Lothar Matthäus

16

Franziska von Almsick war in den 90er-Jahren eine international herausragende Schwimmerin. Welches war ihre Paradedisziplin?

a) Freistilschwimmen
b) Rückenschwimmen
c) Brustschwimmen

Sport

Antworten

70

15a Im Finale der Europa-Meisterschaft 1996 schoss Oliver Bierhoff gegen Tschechien überraschend in der 105. Minute ein Tor und führte seine Mannschaft so zum Sieg. Der Fußballer hatte das erste „Golden Goal" in der Geschichte des Fußballs geschafft. Die Golden-Goal-Regel wurde 2002 abgeschafft, sie besagte, dass ein Spiel, das in die Verlängerung geht, sofort beendet ist, sobald ein Spieler einer Mannschaft während der Verlängerung ein Tor erzielt hat.

16a Franziska van Almsicks Lieblingsstrecke waren 200 Meter Freistil. Die Sportlerin gewann insgesamt 18 Goldmedaillen bei Europameisterschaften und außerdem 1994 die Weltmeisterschaft im Freistil. 1998 gewann sie mit der Staffel den WM-Titel über 4-x-200-Meter-Freistil. Bei den Olympischen Spielen 2000 und 2004 gewann sie jeweils mit der 4-x-200-Meter-Freistil-Staffel die Bronzemedaille und 2004 hinaus Bronze mit der 4-x-100-Meter-Freistil-Staffel. Danach trat sie vom Leistungssport zurück.

Wissenschaft 71

Fragen zu den Bereichen Wissenschaft, Technik und Wirtschaft

1979 kehrten zwei sowjetische Kosmonauten nach einem Rekordaufenthalt im All zur Erde zurück. Wie hieß die Raumstation, in der sie sich aufgehalten hatten?

a) MIR
b) Sojus 32
c) Saljut 6

Für die Entwicklung welchen medizinischen Gerätes erhielt Godfrey Hounsfield 1979 den Nobelpreis für Medizin?

a) Sonograph
b) Computertomograph
c) Kernspintomograph

Wissenschaft 72

Antworten

1c Die sowjetischen Kosmonauten Wladimir Ljachow und Waleri Rjumin kehrten am 19. August 1979 nach 175 Tagen im All zur Erde zurück. Damit hatten sie im bemannten Raumflug einen Rekord aufgesellt. Sie waren mit Sojus 32 zu der Raumstation Saljut 6 gestartete, die sich bereits seit 1977 im All befand. Dort führten sie Versuche und Untersuchungen und medizinische Tests durch und kehrten mit dem Raumschiff Sojus 34, das vorher unbemannt zur Raumstation entsandt worden war, wieder zur Erde zurück.

2b Godfrey Hounsfield wurde für die Entwicklung des Computertomographen 1979 der Nobelpreis für Medizin verliehen. Mit diesem Gerät konnten erstmal Röntgenaufnahmen in 3-D angefertigt werden. Nach Vorarbeiten des Physikers Allan M. Cormack realisierte der Elektrotechniker mehrere Prototypen. Die erste CT-Aufnahme wurde an einem Menschen 1971 vorgenommen. Die beiden Wissenschaftler erhielten den Nobelpreis gemeinsam.

Wissenschaft 73

3

Wie hieß der beliebte Heimcomputer, der im Januar 1982 auf der Winter Consumer Electronics Show vorgestellt wurde?

a) Commodore 64
b) IBM-PC
c) Commodore One

4

Wie hieß die erste Standardisierung der Compact-Disc, die Philips und Sony Anfang der 80-Jahre festlegten?

a) Red Book
b) Black Book
c) Pink Book

Wissenschaft

74

Antworten

3a   1982 stellte Commodore den C64 auf der Winter Consumer Electronics Show vor. Er gilt mit über 17 Millionen verkauften Geräten als der meistverkaufte Heimcomputer weltweit. Wegen seines geringen Preises war er auch für Jugendliche erschwinglich, die ihn zumeist als Spielkonsole nutzten. Bis Ende der 80er-Jahre hielt die Massenbegeisterung für den C64 an.

4a   Der weltweit erste CD-Standard hieß Red Book. Er wurde Anfang der 80er-Jahre von Philips und Sony festgelegt. Eine nach dem Red Book standardisierte CD kann höchstens 99 Tracks beinhalten, die jeweils mindestens vier Sekunden lang sein müssen. Diese CD hat nach heutigem Verständnis geringe Anforderungen. Sie ist eine reine Audio-CD, die keine Datentracks oder Kopierschutzmechanismen verwendet.

Wissenschaft 75

5

Anfang der 80er-Jahre waren sparsame Autos gefragt. Welches Land exportierte 1980 die meisten Autos?

a) USA
b) BRD
c) Japan

6

1986 war die New Yorker Freiheitsstatue 100 Jahre alt. Welcher europäische Staat hatte die Statue einst an d e USA verschenkt?

a) Großbritannien
b) Frankreich
c) Schweden

Wissenschaft

76

Antworten

5c Die Japaner waren 1980 Weltmeister im Export von Autos. Das Land hatte in den 70er-Jahren verstärkt den europäischen und US-amerikanischen Markt er- obert und verdrängte nun erstmals die USA von der Spitze in der Automobil-Produktion. In den USA wurden im ersten Halbjahr 1980 4,4 Millionen Personenwagen und Nutzfahrzeuge hergestellt, in Japan dagegen rund eine Millionen mehr. Vor allem Klein- und Mittelklasse- wagen aus Japan waren wegen ihres günstigen Prei- ses in der BRD sehr beliebt.

6b Frankreich schenkte den USA die Freiheitsstatue. Über 100 000 französische Bürger und 181 Städte spen- deten im 19. Jahrhundert rund 600 Millionen Francs, damit die Freiheitsstatue für die USA gebaut werden konnte. Sie wurde von dem Bildhauer Auguste Barthol- dy entworfen und trägt die Symbole der Freimaurer: Buch, Kranz und Erleuchtung. Die tragende Konstruk- tion der Statue baute Gustave Eiffel, der auch den gleichnamigen Turm in Paris konzipierte. Am 28. Okto- ber 1886 wurde die Statue in New York eingeweiht.

Wissenschaft

7

In welchem Land wurde das populärste Computerspiel aller Zeiten, „Tetris", entwickelt?

a) USA
b) Russland
c) Finnland

8

Ab 1989 waren in der Bundesrepublik nur noch Neuwagen zugelassen, die deutlich umweltfreundlicher waren als ihre Vorgänger. Womit waren diese Autos ausgerüstet?

a) **Mit Lackierungen ohne Bleianteil**
b) **Mit spritsparendem Motor**
c) **Mit Abgaskatalysator**

Wissenschaft 78

Antworten

7b   Das weltweit beliebte und vielkopierte Computerspiel war 1985 in Russland entwickelt worden. Die Idee stammte ursprünglich von Alexej Padschitnow, der sich am russischen Brettspiel „Pentamino" orientiert hatte. Der 29-jährige Programmierer wurde vom damals 16-jährigen Wadim Gerassimow beim Programmieren von Tetris unterstützt. Das Spiel zählt mittlerweile zu den meistverkauften elektronischen Spielen weltweit. Man kann es auf dem PC oder MAC, auf Spielekonsolen, Gameboys, Mobiltelefonen und auch auf dem iPod spielen.

8c   Durch die Abgaskatalysatoren in den Autos wurde der Ausstoß von Stickoxiden, Kohlenwasserstoffen und Kohlenmonoxid um 90 Prozent vermindert. Die Autoabgase waren neben dem Ausstoß von Großfeuerungsanlagen als einer der Hauptursachen für den „Sauren Regen" angesehen worden, der das Waldsterben verursachte. Autos mit Abgaskatalysator benötigten bleifreies Benzin, deshalb wurde Ende der 80er-Jahre an bundesdeutschen Tankstellen bleifreies Benzin eingeführt.

Wissenschaft 79

9

Die sich anbahnende deutsche Wiedervereinigung war 1990 auch in der Wirtschaft erkennbar. Welches Auto sollte statt des Trabbis künftig in Zwickau gebaut werden?

a) **VW Polo**
b) **Opel Vectra**
c) **Ford Fiesta**

10

1991 ging das größte Wasserkraftwerk der Welt ans Netz. In welchem Land steht es?

a) **China**
b) **USA**
c) **Brasilien**

Wissenschaft

80

Antworten

9a Bereits vor der offiziellen Wiedervereinigung am
3. Oktober 1990 schlossen Firmen aus DDR und BRD
sogenannte Joint-Ventures über gemeinsame Projek-
te – bis September 1990 waren es rund 2800. 1990
einigten sich der Wolfsburger Automobilkonzern VW
und das Kombinat Personenwagen aus Karl-Marx-Stadt
darauf, dass im IFA-Werk Zwickau künftig der VW-Polo
statt des Trabant produziert werden soll. Vorher waren
dort rund drei Millionen Trabbis gebaut worden.

10c In Brasilien ging 1991 in Itaipú das größte
Wasserkraftwerk der Welt ans Netz. Es befindet sich
an der Grenze zwischen Brasilien und Paraguay, am Rio
Paraná. Mit einem 178 Meter hohen und 8 Kilometer
langen Staudamm entstand dort ein 1460 Kilometer
großer See. Gegner des Projektes kritisierten die ökolo-
gischen Auswirkungen.

Wissenschaft 81

1. 1991 wurde erstmals ein Intercity-Express in Deutschland eingesetzt. Zwischen welchen Städten verkehrte der Hochgeschwindigkeitszug zunächst?

a) Köln – Hamburg
b) München – Stuttgart
c) Hamburg – München

2. Seit 1995 werden Handys standardmäßig mit der Funktion, SMS zu verschicken, ausgestattet. Wie viele Textnachrichten wurden im Jahr 2005 in Deutschland insgesamt verschickt?

a) 5 Millionen
b) 32 Milliarden
c) 650 Millionen